평범한 사람이 세상을 바꾼다 10
나는 다빈치야!

펴낸날 초판 1쇄 2022년 1월 25일
지은이 브래드 멜처 | 그린이 크리스토퍼 엘리오풀로스 | 옮긴이 마술연필 | 펴낸이 신형건 | 펴낸곳 (주)푸른책들 · 임프린트 보물창고 | 등록 제321-2008-00155호
주소 서울특별시 서초구 양재천로7길 16 푸르니빌딩 (우)06754 | 전화 02-581-0334~5 | 팩스 02-582-0648
이메일 prooni@prooni.com | 홈페이지 www.prooni.com | 인스타그램 @proonibook | 블로그 blog.naver.com/proonibook
ISBN 978-89-6170-854-8 77990

ORDINARY PEOPLE CHANGE THE WORLD: I AM LEONARDO DA VINCI by Brad Meltzer, illustrated by Christopher Eliopoulos
Text copyright © 2020 by Forty-four Steps, Inc.
Illustrations copyright © 2020 by Christopher Eliopoulos
All rights reserved.
This Korean edition was published by Prooni Books, Inc. in 2022 by arrangement with Fourty-Four Steps, Inc., Christopher Eliopoulos c/o Writers House LLC through KCC(Korea Copyright Center Inc.), Seoul.
이 책은 (주)한국저작권센터(KCC)를 통한 저작권자와의 독점계약으로 (주)푸른책들에서 출간되었습니다.
저작권법에 의해 한국 내에서 보호를 받는 저작물이므로 무단전재와 복제를 금합니다.

＊잘못된 책은 구입한 곳에서 바꾸어 드립니다.
＊이 책 내용의 일부 또는 전부를 재사용하려면 반드시 저작권자와 (주)푸른책들 양측의 서면 동의를 얻어야 합니다.

＊보물창고는 (주)푸른책들의 유아 · 어린이 · 청소년 도서 전문 임프린트입니다.

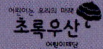 (주)푸른책들은 도서 판매 수익금의 일부를 초록우산 어린이재단에 기부하여
어린이들을 위한 사랑 나눔에 동참합니다.

평범한 사람이 세상을 바꾼다

나는 다빈치야!

브래드 멜처 글 | 엘리오풀로스 그림 | 마술연필 옮김

보물창고

다른 방향으로 몸을 돌렸지만, 난 여전히 아무것도 볼 수 없었어.

자세히 보면 볼수록 더 어두워 보였고, 그림자가 날 통째로 삼켜 버릴 것 같았지.

그 동굴 앞에 서서 나는 결단을 내렸단다.
 만약 새로운 것을 알게 되길 원한다면, 넌 호기심을 따라야만 해.

그에 대한 보상은 상상할 수도 없는 것이었어.

우아!

벽에 박혀 있는 고래 화석을 발견한 거야.

그처럼 굉장한 존재를 보고 있자니…
자연이 얼마나 강력한지 깨닫게 됐어.

그 당시, '적절한' 배경을 지닌 가장 부유한 아이들은 최고 학교에 다녔어.
난 그러지 않았지.

스스로 공부함으로써, 난 새로운 경험과 아이디어에 더 열려 있었어.
결과적으로, 난 다른 모든 사람들과 다르게 생각했단다.

나는 다른 사람들처럼 글씨를 쓰지도 않았어.
난 왼손잡이였는데, 그 당시엔 이상하고 특이하게 여겨지곤 했어.

암호처럼 보일지도 모르지만, 그게 아니었어.
이건 단지 잉크가 번지지 않게 하는 방법일 뿐, 그 당시엔 흔한 습관이었거든.

나는 최고의 학생은 아니었단다.
예술과 같은 창의적인 일을 하지 않을 땐, 쉽게 주의가 산만해지고 금세 지루해했지.

내가 열네 살 때, 아버지는 내 그림 몇 점을 우리 지역의 최고 화가 중 한 명인 안드레아 델 베로키오에게 보여 주었어.

난 그의 제자가 되었는데, 이건 그가 내 스승이 되었다고 말하는

그는 내게 물감을 섞는 법과

모델을 보며 그리고 조각하는 법과

큰 프로젝트에서 기계를 조작하는 법을 가르쳐 주었어.

베로키오의 연수회장에서 가장 중요한 건, 여러 사람들과 해부학, 기하학, 건축학 그리고 고대 유물들에 대해 이야기를 나눌 수 있었다는 거야.
또, 거기엔 모든 주제가 담긴 책들도 있었지.

이렇게… 사각형 안에 원을 그려 넣을 수도 있단다.

우아.

내 첫 번째 보존 예술은 누군가를 위해 그린 방패였어.

나는 불을 내뿜고 독을 쏘는 용 같은 괴물들을 그려 넣을 거야.

내가 완벽했냐고? 전혀 아니야.

나는 너무 산만해지고 또 때로는 무척 외롭게 느껴져서, 많은 작품들을 다 완성하지 못했어.

그리고 작품을 완성했을 땐, 그다지 훌륭하다는 생각이 들지 않았지.

난 모든 것을 알고 싶었단다.
하루하루가 새로운 것을 관찰할 수 있는 기회였어. 나는 도면, 아이디어, 그림, 그리고 내가 하고 싶은 일들을 담은 긴 목록까지, 내가 흥미를 느끼는 것이라면 무엇이든 공책에 채워 넣었지.

물론 나는 발명가이기도 했지.
새로운 정보 하나하나가 모두 새로운 돌파구로 이어졌어!
내 설계도 좀 봐!

탱크야!

잠수함이지!

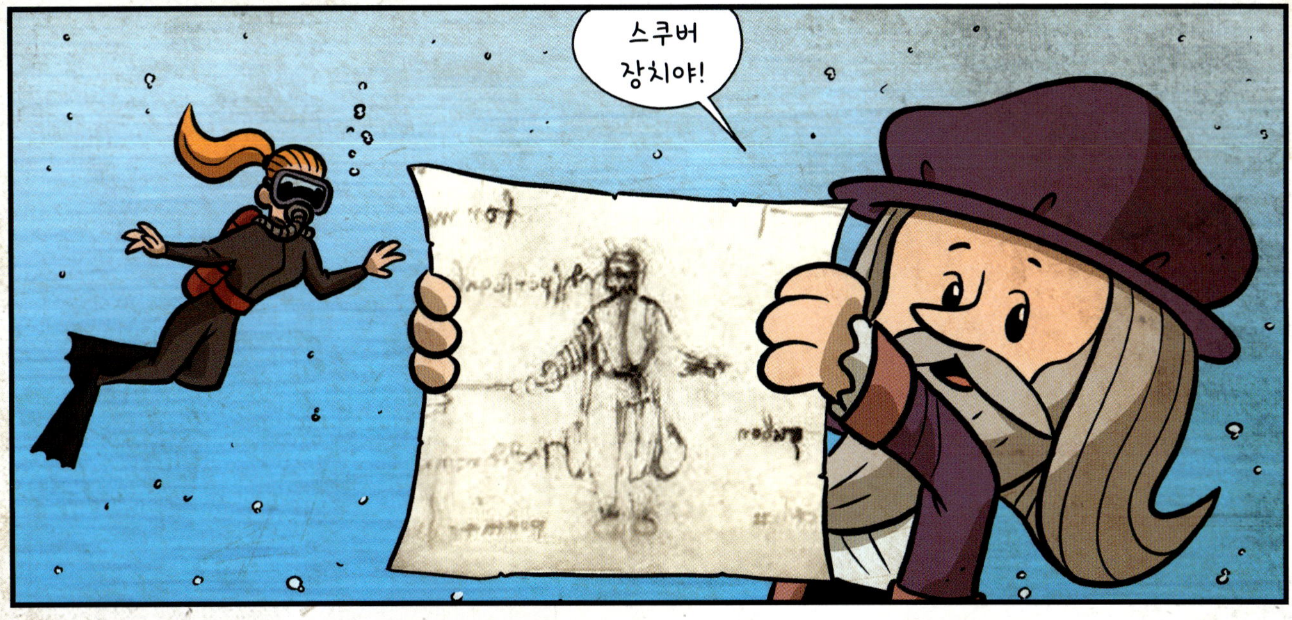
스쿠버 장치야!

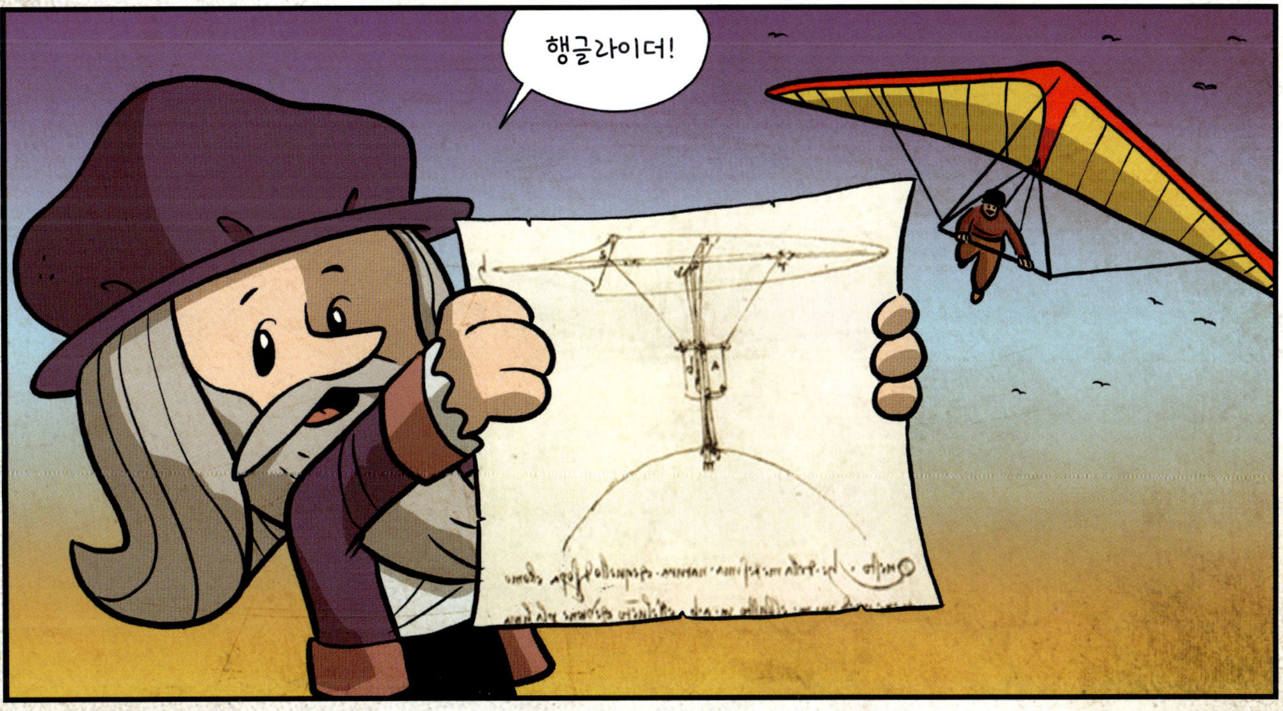
행글라이더!

초안으로 그린 헬리콥터야!

천으로 만든 이 텐트는 낙하산의 초기 모습이야.

아직 아무도 비행조차 해 본 적이 없을 때였단다!

비행 이야기가 나와서 말인데…

박쥐를 참고해서 그린 이 날개 좀 봐!

우아!

지금 뭐 하는 거야?

얼굴이 어떻게 움직이는지 알아내려는 중이야.

어떤 근육이 눈을 뜨게 해 줄까?

어떤 게 눈썹을 들어 올리지?

그리고 또 어떤 근육이…

난 이걸 16년 동안 작업했는데, 내가 죽을 때까지 가지고 다녔지. 10년이 넘도록, 나는 인간과 자연에 대해 알아낸 모든 놀라운 것들로 채워가며, 이 그림을 다시 칠하려고 했단다.

내 삶을 보면서, 사람들은 나를 르네상스를 대표하는 천재라고 말했지.
그들은 또한 내가 이상하고 특이하다고 했어.
그건 나쁜 게 아니야.
다른 사람들과 똑같이 생각하면 놀라운 일은 일어나지 않는단다.

자연을 자세히 보렴.
똑같은 나무는 없단다.
똑같은 사람도 없지.
그건 너처럼 세상을 보는 사람은 아무도 없다는 뜻이야.
이상하거나 특이한 게 아니야.
아름다운 거야.
전에 아무도 하지 않았던 일을 하렴.
전에 만들어 내지 못했던 것을 창조해 봐.
그렇게 한다면…

때론 어이없는 아이디어가 최고의 아이디어일 수도 있어.
 심지어 실패한 것들조차도.
 내 날개는 날 수 있게 해 주지 않았지.
 내 스쿠버 장비는 물속에서 숨 쉬게 해 주지 못했지.
 내 헬리콥터는 절대 이륙할 수 없었어.
 하지만 시간이 흐르면서, 기술과 혁신이 내 아이디어들을 따라 잡았고, 하나하나 작동되었지.

호기심을 가지렴.
질문을 하렴.
자세히 보렴.
항상 과감하게 행동하렴.

나는 레오나르도 다빈치야.
난 알아, 새로운 아이디어가
얼마나 아름다운지.

레오나르도 다빈치
〈최후의 만찬〉, 1495년

"지혜는… 마음의 양식이며,
진정으로 믿을 수 있는 재산이다."
-레오나르도 다빈치

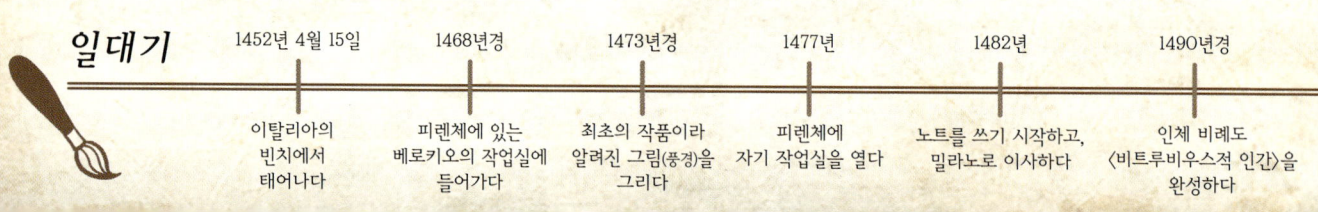

일대기

1452년 4월 15일 — 이탈리아의 빈치에서 태어나다

1468년경 — 피렌체에 있는 베로키오의 작업실에 들어가다

1473년경 — 최초의 작품이라 알려진 그림〈풍경〉을 그리다

1477년 — 피렌체에 자기 작업실을 열다

1482년 — 노트를 쓰기 시작하고, 밀라노로 이사하다

1490년경 — 인체 비례도 〈비트루비우스적 인간〉을 완성하다

루브르 박물관에서 〈모나리자〉를 사진 찍고 있는 관광객들

초크로 그린 자화상, 50세

이탈리아의 작은 도시, 빈치

1495년	1498년	1502년	1503년	1505년	1519년 5월 2일
〈최후의 만찬〉 작업을 시작하다	비행 기계를 만들려는 첫 시도를 하다	군대의 엔지니어가 되다	〈모나리자〉를 그리기 시작하다	비행을 위한 두 번째 시도를 하다	프랑스 앙부아즈의 클로 뤼세에서 죽다

그래픽 위인전 〈평범한 사람이 세상을 바꾼다〉 시리즈는 아주 평범한 사람이었지만 마침내 모두의 영웅이 된 인물들의 일생을 담은 책으로, 어린이들이 '나도 할 수 있다'는 소중한 꿈을 품도록 해 줍니다.

❶ 나는 헬렌 켈러야!
헬렌 켈러는 어렸을 때 병을 앓는 바람에 시력과 청력을 모두 잃고 말았어요. 하지만 포기하지 않고 앤 설리번 선생님의 도움을 받아 사람들과 소통하는 법을 배웠답니다. 헬렌은 시각 청각 장애인 최초로 대학을 졸업했고, 장애인을 비롯해 부당한 일을 겪는 사람들을 돕는 사회 운동가가 되었어요.

❷ 나는 제인 구달이야!
제인 구달은 어렸을 때부터 동물을 좋아했어요. 그 당시 사람들은 여자는 과학자가 될 수 없다고 생각했지만, 제인은 용감하게 아프리카로 가서 야생 침팬지를 연구했어요. 그 결과, 동물에 대한 사람들의 생각을 완전히 바꿔 놓았지요. 제인은 세계에서 제일 중요한 과학자이자 환경 운동가랍니다.

❸ 나는 마틴 루서 킹이야!
평범하고 장난기 많은 아이였던 마틴 루서 킹은 흑인에 대한 차별로 마음에 큰 상처를 받았어요. 하지만 좌절하지 않고 인종 차별에 맞서 평화적으로 싸우기로 마음먹었답니다. 마틴은 자신이 가진 '힘 있는 말'로 사람들의 마음을 사로잡아 평화적인 시위를 이끌었고, 마침내 세상을 바꿔 놓았지요.

❹ 나는 아인슈타인이야!
아인슈타인은 태어났을 때부터 머리가 너무 컸고, 말을 잘 못해 놀림을 당했으며, 성적도 별로 뛰어나지 않았어요. 하지만 아인슈타인은 세상을 보는 자기만의 방식이 있었지요. 호기심이야말로 아인슈타인이 마침내 우주의 비밀을 풀고, 20세기 세계 최고의 과학자가 된 비결이랍니다.

❺ 나는 로자 파크스야!
로자 파크스는 그저 평범한 재봉사였어요. 로자는 어렸을 때부터 몸집도 작고 자주 아팠지만, 부당한 일에 당당히 맞서는 용기가 있었지요. 흑인 로자가 버스에서 백인에게 자리 양보하는 걸 거부했을 때, 이는 자신의 신념을 지키기 위한 작은 행동이었지만 세상에 엄청난 변화를 불러왔지요.

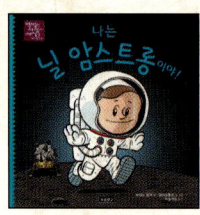

❻ 나는 닐 암스트롱이야!
겁이 많던 아이는 큰 나무에 오르다 그만 떨어지고 말았어요. 하지만 목표를 향해 한 발 한 발 내딛는 방법을 배우게 되었지요. 그리고 숱한 좌절을 겪으면서도 계속 도전하여, 마침내 인류 최초로 달을 밟았어요. 수십 년이 지난 지금까지도 모두 기억하는 그 위대한 이름은 바로 '닐 암스트롱'입니다.

❼ 나는 간디야!
간디는 스스로를 작고 깡마르며, 볼품없고 수줍음 많은 사람이었다고 말했어요. 하지만 결코 약한 사람은 아니었지요. 간디는 온갖 차별과 핍박 속에서도 평생 동안 침착하고 꾸준하게 비폭력 저항 운동을 펼쳤어요. 그리하여 인도를 위해 모든 것을 바꾸고, 전 세계 시민권 운동에 큰 영향을 주었지요.

❽ 나는 마리 퀴리야!
최초로 노벨상을 받은 여성, 최초로 두 분야에서 노벨상을 받은 과학자! 그 업적만으로도 사람들을 깜짝 놀라게 하는 마리 퀴리는 "내가 해야 할 일은 내가 사랑하는 것을 쫓는 것"뿐이라고 말합니다. 마리 퀴리가 남긴 방사선 연구 결과는 오늘날 암을 치료하는 데 중요한 역할을 하고 있지요.

❾ 나는 안네 프랑크야!
제2차 세계 대전 중 나치의 박해를 피해 숨어 지내는 동안, 자신의 삶을 솔직하게 일기로 기록한 유대인 소녀 안네 프랑크. 전쟁과 죽음의 두려움 속에서도 용기와 희망을 잃지 않고 꿈과 자유를 갈망했던 안네의 모습과 진솔한 고백은 오늘날에도 전 세계 사람들에게 깊은 감동을 줍니다.

❿ 나는 다빈치야!
르네상스 시대의 예술가이자 발명가인 다빈치는 어디에 이끌리든 항상 자신의 관심사를 따랐지요. 비행에 대한 탐구로 다빈치는 새의 날개를 연구하였고, 그의 발명 디자인은 헬리콥터와 비행 기계에 대한 최초의 스케치가 되었지요. 최고의 명화 '모나리자'와 더불어 그는 영원히 기억될 것입니다.

브래드 멜처

〈뉴욕 타임스〉 베스트셀러 작가인 브래드 멜처는 아빠로서 자신의 딸과 아들의 영웅이기도 합니다. 위인전 시리즈 〈평범한 사람이 세상을 바꾼다〉를 썼으며, 어른을 위한 소설도 많이 썼지요. 그뿐만 아니라, 텔레비전 역사 채널에서 여러 프로그램의 사회자로도 활동하고 있습니다. (참, 알고 있었나요? 이 위인전 시리즈에는 책마다 그림 속에 작가 브래드 멜처가 숨어 있다는 사실 말이죠.)

크리스토퍼 엘리오풀로스

마블 코믹스에서 그림을 그리기 시작한 엘리오풀로스는 수천 권의 만화책을 만드는 데 참여했습니다. 그리고 만화계에서 매우 권위 있는 '하비 상'을 받기도 했어요. 위인전 시리즈 〈평범한 사람이 세상을 바꾼다〉를 비롯하여 많은 어린이 책을 직접 쓰고 그렸습니다.

마술연필

어린이와 청소년을 위해 유익하고 감동적인 글을 쓰고 책을 펴내는 아동청소년문학 기획팀입니다. 호기심과 상상력이 풍부한 아동청소년문학 작가·번역가·편집자가 한데 모여, 지혜와 지식이 가득한 보물창고를 만들기 위해 애쓰고 있습니다. 다양한 책들을 꾸준히 펴내고 있으며, 그중 『우리 조상들은 얼마나 책을 좋아했을까?』는 초등학교 〈국어〉 교과서에, 『1학년 전래동화』는 교사용 지도서에 각각 실렸습니다. 지은 책으로 『어린이와 청소년을 위한 독도 백과사전』 『우리 땅의 생명이 들려주는 이야기』, 엮은 책으로 『1학년 이솝우화』 『어린이와 청소년을 위한 우리 옛시조』, 옮긴 책으로 『재미있는 내 얼굴』 『화가 날 땐 어떡하지?』 『달 케이크』 등이 있습니다.

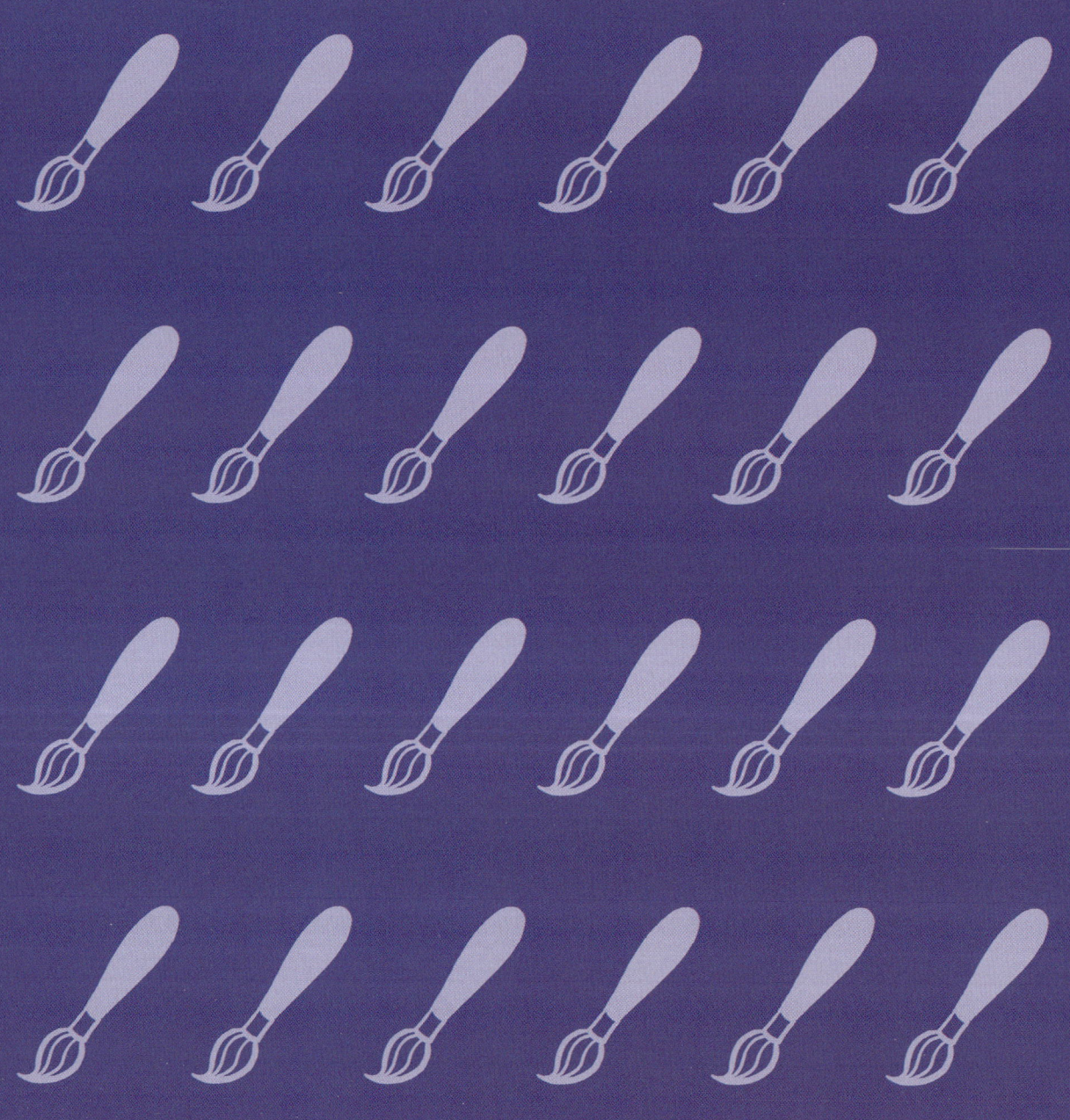